AF206826

Über den Autor:

Martin Wolkner wurde 1980 im Ruhrgebiet geboren, studierte englische und deutsche Sprachwissenschaften, Film/Fernsehen sowie zusätzlich ein bisschen Philosophie an der Ruhr-Universität Bochum und University of Hull.

Er war als Übersetzer, Untertitler, Filmkritiker und Leiter des Filmfests homochrom in Köln und Dortmund tätig.

2015 erschien sein Roman "Vollmondbraut" von 2009.
2019 folgte sein Erstlingsroman "Morgenreport" von 2002 sowie ein deutsch- und ein englischsprachiger Gedichtband.

immer (noch) wahr

80 Gedichte

von
Martin Wolkner

Bibliografische Information der Deutschen Nationalbibliothek:
Die Deutsche Nationalbibliothek verzeichnet diese Publikation
in der Deutschen Nationalbibliografie; detaillierte bibliografische
Daten sind im Internet über http://dnb.dnb.de abrufbar.

© 2019 Martin Wolkner
Herstellung und Verlag:
BoD – Books on Demand, Norderstedt
ISBN: 9783746079745

Wertes du,

ich hoffe, dass dieses Büchlein dich entweder
durch Worte unterhält,
zu Gefühlen hinreißt,
in Gedanken berührt
mit Eindrücken bereichert,
oder dich einfach
anhand ausgewählter Gedichte,
(meist) alphabetisch sortiert,
vertraut macht
mit meinem eher
nachdenklichen,
melancholischen,
sehnsuchtsvollen,
sinnsuchenden,
einsamen
lyrischen Schaffen auf Deutsch
der letzten 24 Jahre
– Entstehungsdaten absichtlich vorenthalten,
weil aus meiner Sicht
immer (noch) wahr und prägnant.

Gedichte waren mein Spielplatz
der Ausdrucksmöglichkeiten,
um Ideen, Gefühle, Eindrücke, Gedanken
in wortspielerisch vielfältige
Gleichgewichte zu bringen.

Ich hoffe, es gibt dir etwas.

Vorzügliche Grüße,
dein lyrisches ich

All die Blumen

Die Narzissen auf der Kommode
sind einfach vertrocknet,
nicht verblüht, nicht verrottet,
einfach trocken und runzlig geworden.

Erst nach zwei Tagen im Mülleimer
haben sie begonnen zu duften,
aber da wollte ich sie nicht
wieder zurück auf die Kommode stellen.
So hübsch waren sie nun auch nicht mehr.

Eigentlich hätte ich mir fast denken können,
dass etwas an ihnen faul war,
als ich die Blumen beim Diskounter kaufte.

Martin Wolkner

Alltagsidylle sinnlosen Überlebens

Einsam streicht er durch die leeren Straßen.
Im kargen Park, in dem die Leute früher gerne saßen,
entschwindet ein Rattenschwanz aus seiner Sicht.
Die dunklen Fenster der Häuser begrüßen ihn nicht.

Einsam sind auch hundert andere in dem Plattenbau,
doch wer nebenan wohnt, das weiß er nicht genau.
Manchmal hört er Kinderstimmen durch die Wände singen.
Raus geht er erst, wenn alle Schritte im Flur verklingen.

Einsam schleicht er das Treppenhaus hinauf.
Heruntergekommenheit nimmt er gern in Kauf,
denn etwas Besseres kann ihm das Leben nicht bieten.
Er kann froh sein, dass sie ihm das Zimmer vermieten.

Einsam langt er zu Fernbedienung und Bier.
Täglich wählt er seichte Kost. Nur so lebt es sich hier.
Er schaltet ein, um abzuschalten.
Er ist zu arm, sich einen Freund zu halten.

Einsam bangt er nicht dahinzuvegetieren.
Wer nichts hat...! Was soll er schon verlieren?
Hat der Kuckuck den letzten Funken Stolz erschlagen,
lässt sich solch ein Hartz-Standard ertragen.

Einsam, träge und kaum mehr Bock auf Bock,
quadratische Verdummung im anonymen Hochhausblock.
Wer schert sich, ob wer nebenan sein Kind erschlägt,
wenn man sein eigenes Leben nicht mal auf die Kette kriegt.

Martin Wolkner

Alter Mann!

Oh, vergebliche Eitelkeit,
für wen machst du dich schön?

Dein Alter hat dich ruiniert
und du versuchst,
dich selbst darüber hinwegzutäuschen.

Deine Augen sind schon so trüb,
dass du zu übersehen scheinst,
wie eingefallen deine Wangen sind.

Selbst wenn du dir die letzten Haare
so ordentlich nach hinten kämmst,
als gingest du auf dein erstes Rendezvous,
wer sieht es schon,
denn deine schlaffen Beine
tragen dich seit langem nicht mehr aus dem Haus.

Martin Wolkner

Am lautesten

Wenn wir beide streiten, wirst du laut,
damit dein Argument mehr reinhaut.
Natürlich glaub ich eher, dass du's besser weißt,
je lauter du's mir in die Ohren schreist.

Doch lese ich weit mehr in deiner rohen Pose.
Am lautesten rattert die leere Dose.
So gehaltvoll donnert also dein Gekeife!
Oder fehlt dir noch ein bisschen Reife?

P.S.: Ich weiß, echte Gefühle brauchen Intensität.

Martin Wolkner

Bedrohlicher Dschungel

In einer schwülen Tropennacht
verließ ich die menschlichen Zivilisation
und wagte mich in den tiefen, gefährlichen Urwald,
den Dschungel,
mit den wildesten Lebensformen
und seinen eigenen Gesetzen,
die ich nicht kannte.

Ich schlug mich durch dichte Vegetation,
wich feindlichen Stämmen aus,
mied giftige, wehrhafte Büsche,
hütete mich vor Schlangen, Blutsaugern, Raubkatzen.
Ein kühles Bachbett entlang verlief mein Steg.

Doch ständig hatte ich das beklemmende Gefühl,
bei jedem meiner Schritt beobachtet zu werden,
als starrten mich Tausende versteckte Augen
aus dem dichten Gebüsch heraus an,
jeden meiner Schritte erfassend.

Wenn ich mucksmäuschenstill stand,
wagte sich das wilde Leben aus allen Schlupfwinkeln
und ich wurde des lebhaften Treibens im Dickicht gewahr.

Schließlich begegnete ich dort im Dschungel
einem Bären,
der über mich herfiel.

Begehren

Ich begehre für den Moment,
im Eifer des Gefechtes.
Schon während ich den Hügel erklimme,
kommt er mir mickrig
und nicht der Mühe wert vor.
Oben ankommen wird mir klar,
dass ich bloß auf einer alten Müllhalde gelandet bin.
Soll das schon alles gewesen sein?

Wenn ich von meiner Wanderung zurück,
zurück vom wilden Treiben der Natur,
zurück in der Ruhe meines Heimes bin,
frage ich mich, was überhaupt so begehrenswert war.
Mein Ausflug hat mir mehr genommen als gegeben.

Nach dem Begehren fühle ich nur Leere.
Mein Hunger wurde nicht gestillt.
Wie findet bloß Natur Befriedigung?

Begehren II

Ich begehre nicht
so wie du.
Ich begehre überhaupt nicht,
anders als du.

Braune Südstern-Augen

Jetzt in diesem Moment,
wortwörtlich während ich dies notiere,
sitzt du mir gegenüber;
ich sehe in deine braunen Augen
und es blitzt und zuckt in meinem Herz,
in meinem Bauch grummelt und donnert es.

Oh, deine Augen, warm, voller Leben,
streifen mich ab und zu.
Ein Schauer erfasst mich.
Liebend gerne möcht ich deinen Augen immer begegnen,
die sich ebenso wach wie meine umsehen,
und mit deiner Erlaubnis
tiefer in ihre Geheimnisse eindringen.

Wie meine spielen deine Hände nervös miteinander.
Ich möchte nach deinen greifen und sie still halten.

Aber du bemerkst mich nicht
und ich werde dich im Gewühl verlieren,
wenn ich jetzt nichts unternehme.

Wie könnt ich einen Wildfremden in der Bahn ansprechen?

Ich kenne mich selber gut genug
und ich sehe dich,
von daher weiß ich,
ich würde immer fremd bleiben
in deinen Augen.
Also werde ich dich Schönling ziehen lassen.

Ach, würdest du nur zu mir hinsehen und mich erkennen!

Ich folge dir nicht,
als du funkelnder Stern im Süden untergehst.
Aber ich sehe dir sehnsüchtig nach,
ohne einen weiteren Blick von dir zu erhaschen,
den lebendigen braunen Augen,
die ich gerade in der Masse verliere.

Adieu!

Martin Wolkner

Chaos

In mir herrscht Chaos,
als ich durch die Wüste fließe:
Hopp-hopp im Galopp
fliegt der Vogel.
Alles kommt in mich rein.
Der Hirte wird Herrscher,
doch ich bin kein Schaf.
Im Schlaf brennt das Wasser,
das ich atme.
In dem Weiler hängt die Quelle
meiner melancholischen Qualen.
Dort hinten frisst die Made den Stein.
Der Mond steigt auf
aus der Asche der Sonne.
Ich muss alleine reisen,
Basilikum-Basilisk,
wie ein Baum
erdrückst du mich mit deinen Wolken.
Erlangung der ewigen Glückseligkeit.
Wir sind da,
Elisa!

Cruising

Raue Kerle warten in rauen Mengen,
betont maskulin, bloß kein Anschein von Schwuppen.

Echte Kerle gehorchen ihren inneren Zwängen,
suchen Partner, hart und behaart, oder Gruppen.

Sie legen sich ins Zeug, in Slings, schlagen die Strengen,
camoufliert in Leder, weiche Haut in Geilheit zu verpuppen.

Sie stehen herum in dunklen Gängen.
Gesichter erglimmen beim Ziehen an Fluppen.

Heiße Blicke getauscht im Vorbeidrängen,
Gelegenheiten ziehen vorüber wie Sternschnuppen.

Sie lauern lange herum, ein jeder um Längen
besser als der vorherige. Wer ist der Geilste der Truppen?

Dort, da kommt er! Sie schlagen Beute mit scharfen Fängen,
um ihn in irgendeiner Ecke durchzuschruppen.

Sie heulen kurz auf, wie Wölfe sängen,
ziehen weiter zu neuen Abenteuern
        oder eben nach Haus zu ihren Eheschwuppen.

Martin Wolkner

Das eiskalte Händchen

Es greift nach meinem Innern.
Heißes Verlangen lodert,
um es fernzuhalten
oder zu tauen, ehe es mich berührt.
Ich wollte doch nur nicht allein sein,
aber die leiseste Berührung
dieser gierigen, stumpfen Hand
verwandelt auch mein Herz zu Eis.

Martin Wolkner

Das erste Mal

Zum ersten Mal
eine nette Geste,
ein freundliches Lächeln
auf dem Gesicht des anderen.

Zum ersten Mal
Sympathie,
Gefallen finden
aneinander.

Zum ersten Mal
Offenheit,
keine Angst mehr
mich mitzuteilen.

Zum ersten Mal
schlägt mein Herz schneller,
unbekanntes Gefühl
der Nähe und Vertrautheit.

Zum ersten Mal
eine vorsichtige Berührung,
dann der Wunsch
nach einem gefühlten Kuss.

Hoffentlich
nicht das letzte Mal.

Martin Wolkner

Das Feuer für die Götter

Während er das Feuer einfing, ermahnte er sich,
auf keinen Fall die Freunde zu vergessen,
denn es würde sie all aus seinem Herzen fressen.

Während er das Feuer einsteckte, gebot er sich,
ganz vorsichtig und auf der Hut zu sein,
sonst hole ihn noch der Fluch der Gorgonen ein.

Während er das Feuer forttrug, beeilte er sich,
denn lang war sein Weg durch ödestes Land
und das verdammte Feuer hing schwer an der Hand.

Während er das Feuer rausholte, fragte er sich,
warum ihm die Götter dies Werkel befohlen,
zur Erleuchtung des Herzens dies Feuer zu holen.

Während er das Feuer aushöhlte, vergaß er sich,
denn die Flammen fraßen ihn von innen auf.
Wie hätte er sehen sollen, als die Seele entschlich?

Deine Gegenwart

Ich liebe

deine Augen, die mich
wie klare Bergkristalle
aus dem tiefsten Gestein anglitzern;

deine Hände, die
samtenem Stoff gleich
die meinen berühren;

deinen Atem, der
wie ein Sommerhauch
über mein Gesicht streicht;

deine Lippen, die
weich und voll und süß wie Honig
meine für einen Kuss necken;

deine Worte, die
wie gedankenübertragenes Liebesgeflüster
mein Innerstes erreichen;

deine Arme, die
wie Wurzeln eines Baums
mir Halt zum Wachsen geben;

deine Ohren, die
wie Kummerkästen
stets geduldig meinen Klagen lauschen;

deine Schultern, die,
wenn ich schwach bin,
mir als Kissen dienen;

deine Brust, die
bedenkenlos meine versteckten Tränen
bei sich aufnimmt;

dein Schoß, in dem
ich wie ein unschuldiges Kind
im ruhigsten Schlafe träume;

dein Herz, das
in deiner Brust allein
für mich schlägt.

Ich liebe!

Deine Worte

Finde deine wahren Worte tief in dir,
finde deine Schöpferkraft, sag ich zu mir.
Viele Nächte saß ich ganz allein zuhaus,
meinen Füller in der Hand ging ich nicht raus.

Schreibe deine klugen Worte, die du spürst,
drück dich richtig aus, damit du Seelen rührst,
um allein verbrachte Zeiten gutzumachen,
um in anderen den Funken zu entfachen.

Verbreite deine starken Worte unverzerrt,
finde offne Ohren, denn für sie ist es von Wert.
Es könnte Herzen helfen, die der Kampf zerbricht.
Eines Tages wirst du gehen, deine wahren Worte nicht.

Der Kuss

#1

Dein hübsches Gesicht im Schatten gegen das Lampenlicht,
als sich dein Kuss langsam über mich senkt
auf meine bebenden Lippen.

#2

Schweißdurchtränkt tanzten wir
eng beieinander.
Ein eindringlicher Blick im Discolicht.
Es war um uns geschehen
und unsere Lippen
begannen ebenso zu tanzen.

#3

Tief in weiche Kissen versunken,
schüchterne Blicke,
zögernde Zuneigung.
Mutig gefasstes Herz,
ein letzter Blick,
ein durchdrungener Kuss
voll verzagter Sanftheit
und scheuer Innigkeit,
atemberaubend.

#4

Ein eifersüchtiger Streit am Kennenlernabend.
Schuldig in allen Anklagepunkten.
Ein reuevoller, jugendlicher, versöhnlicher Abschiedskuss.

#5

Wir mussten das Auto seines Kumpels schieben,
jetzt ist er kurz weg.
Unser romantischer Sonnenuntergang
ist ein rotes Neonschild.
Ich krabbel auf den Fahrersitz
und er lehnt sich zu einem scheuen Kuss herüber.

Der Ring

Ein silbern Ring liegt dort im grünen Gras.
Mit sehnend Zögern hebe ich ihn auf.

Auf meiner Innenfläch im Licht blitzt er,
widerspiegelnd, was auf ihn geworfen.

Kühl liegt er in meiner Hand und glatt,
obwohl er fest, umschmeichelt samtig Haut.

Ich habe Angst, dass er verloren geht;
beruhigend rutscht und wächst er an den Finger.

Für mich allein wurd dieser Ring geschmiedet,
ein Ring aus Einsamkeit für meine Hand.

Die andere Seite des Rings

Der Ring ist geschlossen,
kreist in und um sich herum,
bindet der Welten Seele in Ewigkeit.
Nichts findet zu seinem Ursprung zurück.
Eins ist alles.
Ich bleib allein.

Martin Wolkner

Der sanfte Krieger

Wer ein sanfter Krieger ist
– wissbegierig, gutmütig und mit wachem Auge
  seine eigenen noch so kleinen Lügen beobachtend –
hört in sich selbst das klare Flüstern:
„Erwache und erkenne dich selbst!"

Der sanfte Krieger hält die Augen offen,
holt tief Luft, sagt freudig:
„Ich bin ein anderes du,
im kosmischen Bewusstsein sind wir eins.
Nimm mich in dir auf!
Ich gebe mich hin."
und springt ins Feuer.

Martin Wolkner

Dichter

Ich gebe vor zu sein und bin es nicht.
Ich schreibe Worte und doch kein Gedicht.
Was aus mir kommt, hat kein Gefühl,
ist nur der Ausdruck von Gedanken, kühl
verklausuliert in dem Versuch,
sie einzuschließen im Behältnis Buch.

Doch sie entrinnen ihm ganz ungeniert,
gelangen unverstanden in die Welt.
Meine Worte fließen völlig ungehemmt
davon und haben manch Verstand verwirrt,
mich blamiert und Freund wie Feind vergällt.
Hätte ich sie nur vorher eingedämmt!

Selbst wenn ich übe noch so viel,
nie haben meine Worte solchen Stil
und eben jenen feingeistigen Sinn,
den ich bei anderen so sehr verehr.
Ich wär so gern, was leider ich nicht bin,
dass gegen diese Einsicht ich mich wehr.

So geb ich vor zu sein und bin's doch nicht.
Ich stemme Worte ohne irgendein Gewicht
und spreche nicht aus Vorsicht schlichter.
Ich lecke Worte ohne böse Absicht.
Kann ich dafür, dass sie die Welt verschmutzen?
Verletz ich damit meine Aufsichtspflicht?
Darf ich meinen Mund nicht mehr benutzen?
Ich wünscht, ich wäre von Natur aus Dichter.

Martin Wolkner

Dichter verkehren

Verkehrt! Verkehrt!
Sie kommen, Dichter,
sie kommen immer dichter!
Verkehr verdichtet sich,
verkehrt dichter Verkehr.
Dicht verkehrt dichter Verkehr.
Dichter verkehren verkehrt.
Dichter, du dichtest verkehrt!
Dichter Dichter, verkehrt verkehrt!

Martin Wolkner

Die Puppe

Gefärbtes rotes Haar,
beinahe orange,
ausgeblichen ist die Farbe
wie alte Plakate im Schaufenster.
Das Gesichtchen glatt
und hell wie Porzellan,
unbewegt wie ausgestopfte Tiere.
Aufgerissen die Augen,
starrend in ihrer hellblauen Farbe,
starren geradeaus,
kein Lidschlag,
aufgerissene Glasmurmeln.
Klein und zierlich,
eine kindliche Gestalt.
Wer würde dieses künstlich
wirkende Püppchen kaufen
und in die Stube stellen,
so grässlich
wie sie mit geöffnetem Mund
auf ihrem Kaugummi kaut.

Martin Wolkner

Discohymne

Allein. Hinab.
Ein Bein. Im Takt.
Es zuckt. Es ruckt.
Ein Arm. Verschwitzt. Nackt.

Es wummst. Im Bauch.
Der Bass. Dreh auf.
Dreh ab. Es blitzt.
Licht treibt. Voran. Hab Spaß. Yeaaah!

Ein Bein. Tritt ran.
Der Arm. Bemannt.
Berührt. Er blickt.
Ganz tief. Geschickt.
Charmant. Verführt.

Gesehen. Lass ab.
Und zu. Geschehen.
Tanz mit. Im Schritt.
Er reicht. Erweicht. Oh Mann! Wuff!

Es streicht. Mit Haar.
Verschwitzt. Im Takt.
Bewegt. Berührt.
Die Hand. Hinab.
Er regt. Gefühlt. Im Bauch. Uuuh!

Das Bein. Rück ran.
Im Takt. Es zuckt.
Er reibt. Oh yeah!
Im Takt. Im Schritt.

Erregt. Bemannt.
Gefleht. Verzückt.
Oh Mann! Geh ran! Ganz nah! Grrr!

Lass los. Lass zu.
Lass nicht ab. Geh ran!
Wir treiben. Reiben.
Im Schritt. Mach mit. Mach an.
Noch näher. Oh Mann!
Zwei Männer. Näher!
Enger. Tiefer.
Glieder zucken. Im Takt.
Erregt. Gerieben.
Schenkel im Schritt.
Getrieben. Vom Bass.
Am Arsch. Behände.
Er greift. Ergriffen.
Er reibt. Er regt. Erlegt. Aaah!

Noch enger. Wir schwitzen.
Gleite hinab. In Ritzen.
Mach mit. Mach an. Geh ran, Mann!
Begreife. Begehre.
Mit Hand. Am Arsch. Im Schritt. Uh!

Geiler. Er regte.
Männer. Zuckende Glieder.
Im Schritt. Geh tiefer. Ohne Scham.
Haare. Am Hals.
Beim Kuss. Geleckt. Gerieben.
Wir treiben. Im Takt. Nackt.
Es zuckt. In den Gliedern.
Wir reiben. Wir treiben.
Es wilder. Oh yeah!

Oh Mann! Mach mich an.
Mach mich scharf. Mach dich ran.
Beug die Knie. Beug dich mir.
Immer tiefer hinab. Immer tiefer.
Und wilder. Enger. Erregter.
Organisch. Orgasmisch. Oh ja!

Reib den Schenkel. Fest im Takt. Fest im Schritt.
Deine Hand. An mei'm Arsch. Greif zu.
So ist gut. Fühl die Lust.
Wie sie pumpt. Wie der Bass.
Wie sie zuckt. Wie sie spuckt.
Bis es kommt. Schritt im Schritt. Mann an Mann. Uuh!

Martin Wolkner

Dornenbusch

Der Dornenbusch stand allein
und fühlte sich schrecklich einsam.
Also machte er sich auf, einen zu finden,
der ebenfalls einsam war und es nicht sein wollte.
Er suchte wirklich an jedem Ort,
bemühte sich außerordentlich,
und obwohl er einige Gleichgesinnte traf,
so war doch nie der Richtige dabei.
Er verstand nicht, warum diejenigen,
zu denen er sich hingezogen fühlte,
vor ihm zurückwichen, ihn mieden,
wiederum die Unangenehmen,
die er abstoßend fand, ihn bedrängten.
Das einzige, was er bemerkte, war,
dass die Unangenehmen Dornen hatten,
die noch länger und spitzer als seine waren.

Martin Wolkner

Ein unendlicher Albtraum

Wieder daheim,
wieder die gleichen Gefühle:
Schmerz, Leere und Einsamkeit,
denen ich den Eintritt gewähre.

Vorher bei dir,
es waren neue Gefühle:
In meinem Herzen nur der Wunsch,
dass dein Stecken und Stab mich führe.

Es war ein Rausch,
der meinen schwachen Geist umfing.
Wär's auch so bei dir,
wär ein Großes daraus erwachsen.

Doch das Große,
das mir so erstrebenswert scheint,
es wandt mir den Rücken zu;
das Gleiche tatest auch du.

Wir waren fast gleich,
doch du machtest uns verschieden.
Ein unendlicher Traum wäre es geworden,
hättest du dich für mich entschieden.

Martin Wolkner

Es passt nicht

Obwohl du wie Honig
so süß und samtig küsstest

und deine Augen
kein Unheil ankündigten,
als du sagtest,
dass du mich lieb hättest;

und obwohl ich dich niedlich fand,
auch wenn du es an dir nicht sahst,

und ich es mochte,
wie deine Augen funkelten,
dann beim Lächeln sie
zu schmalen Linien wurden;

und ich den Wunsch hegte,
mich zu öffnen,
es auch schon tat,

ließ mich etwas zurückschrecken.

Vielleicht ein Gefühl,
dass mich warnte,
bei dir zu kurz zu kommen,
dass du nur auf dich achtetest.

Wahrscheinlich passten wir,
obwohl wir das Antlitz des anderen mochten,
einfach nicht zusammen.

Fassaden

Eine Welt,
die du um dich baust,
eine Mauer,
unüberwindbar
in beide Richtungen.
Misstrauen
als Schutz
vor dem Kennenlernen,
vor dir selbst.
Angst,
du zu sein,
dich zu zeigen.
Du scheinst,
was andere sehen wollen.
Deine Maske
schmeichelt deren Launen.
Ein Beweis von Interesse
oder eigennützigen Gebrauchs?
Gemogelt, gelogen,
und doch ein wahrer Teil von dir,
zeigt es immerhin,
wie sensibel du bist
für deine Umwelt.
Ein Trauerspiel:
Die Falschen um dich,
weil niemand dich sieht.
Oder bist du falsch, dort?
Du wirst deine Gründe haben,
doch sie bleiben versteckt
hinter den Fassaden,
für die du deine
Schöpferkraft erschöpfst.

Martin Wolkner

Fehlbare Unfehlbarkeit

Ich war meiner Richtigkeit sicher,
befand mich doch immer im Recht,
gewiss sah ich die Welt im klaren Licht
– und fehlte doch.

In großer Mühe um Genauigkeit,
fristgerechter Zielerlangung
und objektiver Sachlichkeit
– vergaß ich ein Stück zu leben.

Im Spiegel meiner Umwelt
wollte ich mich selbst erschaffen
zu einer strahlendschönen Kreatur
– und blendete mich mit Eitelkeit.

Demontiert vom wahren Wort
des falschgeglaubten Freundes
verlor ich gewiss die letzte Gunst
– und wurde eines Besseren belehrt.

Martin Wolkner

Fort

Ich ging mit euch mit,
aus Angst alleine zu sein.
Doch eure Gegenwart hasste ich schon,
da sie unerträglich für mich war:
Abneigung und Feindseligkeit
spürte ich in jedem ungesprochenen Wort.

Angewidert verweilte ich doch,
hoffend, ich würde mich irren.
Wieder musste ich erkennen,
wie unerwünscht ich war.
Ich wartete auf den passenden Augenblick
und dann ging ich alleine – fort.

Geist

Du weißt, wohin du willst
und welcher Weg dich dorthin führt.
Du möchtest, dass ich mit dir geh,
weil meine Zärtlichkeit dein Herz berührt.

Du hast dein eignes Leben
und willst nur tun, wonach es dich begehrt,
musst hemmungslos und frei sein,
wählst dennoch mich zu deinem Gefährt.

So gehe ich denn mit dir,
tu, was du mir zu tun heißt.
Ich folge dir auf Schritt und Tritt,
ganz unscheinbar. Ich bin dein Geist.

Du kümmerst dich bloß um dich selbst,
denn du allein bist Nummer eins.
Ich gebe alles auf zu sein, wie du mich willst.
Ein eignes Leben brauche ich wohl keins.

Drum mach ich deine Welt zu meiner,
lebe lediglich für dich, nein, lebe dich!
Ich bin die Welt, die sich um dich nur dreht,
ein Schatten meiner Selbst, bin nicht mehr ich.

immer (noch) wahr

--- --- ---

Ich erwarte nichts zurück,
keine Erwidrung, keinen Dank.
Nimm alles von mir, was du brauchst,
sorg dich nicht, wenn ich mal schwank.
Denn nur für dich bin ich gemacht,
dir zu folgen, dich zu ehren, deins zu sein.
Ich wurde nur getrennt von dir geschaffen,
damit ich mich mit dir wieder verein.

Wofür bräucht ich einen Willen?
Ich hab ja dich!
Wofür bräucht ich einen eignen Sinn im Leben?
Ich hab ja dich!
Du bist meine Religion.
Ich bete dich an,
ich opfre mich dir.
Warum auch sollt ich mich dir nicht ergeben?

So wurde ich als eigner Mensch geboren
und ging dir in deinen Stapfen hinterher.
Mein Licht erlosch, nun leuchtete ich durch dich.
Ich wurd dein Geist, wurd du und war nicht mehr.

Martin Wolkner

Herz und Auge

Was dein Aug versucht im Mensch zu sehen,
wird dein Herz dort niemals finden.
So wie du sie wünscht, nicht wie sie stehen,
wird dein Auge sie erspähen.
Herz und Auge kannst du nicht verbinden.

Martin Wolkner

Ich bin dein, wenn du mein

Wer bin ich ohne deinen Namen?
Was fühl ich, bis du mich zuerst berührst?
Wo lieg ich, wenn nicht in deinen Armen?
Wie lieb ich, wenn du mich nicht mehr schürst?

Ich sehne mich nach deinen Küssen,
die du versteckst in meiner Fantasie.
Ich leg mein Herz zu deinen Füßen.
Was fühlst du, da ich vor dir knie?

Kann dich denn gar nichts mehr begeistern,
der Schatten Schwere von dir heben?
Nicht darf Verstand Gefühle meistern,
weil nur von Freud und Liebe Seelen leben.

Drum lass mich tiefer in dich dringen,
deines Herzens Tore öffnen weit.
Ich will dein Leben neu beschwingen
mit den Rhythmen der Zweieinigkeit.

Martin Wolkner

Krähen

Wir sind die schwarzen Krähen
auf blühendem Feld,
das weit genug
uns alles bietet.
Trotzdem hacken wir uns
gierig, gegenseitig,
unerbittlich, missgönnend,
diebisch verstohlen,
liebes-feindlich
mit den spitzen Schnäbeln,
die zum Nähren,
nicht zum Kampf geschaffen,
dessen ungeachtet dafür benutzt.

Martin Wolkner

Kurze Blicke, kein Mut

Kurze Blicke.
Beschämtes Wegschauen.
Kurze Blicke
aus den Augenwinkeln.
Kurzer Kontakt.
Beschämtes Wegschauen.

Tanzen beieinander.
Beschämtes Wegrücken.
Tanzen beieinander
Rücken an Rücken.
Kurze Berührungen.
Beschämtes Wegrücken.

Kontakt gesucht.
Freundlich gefunden.
Kontakt gesucht.
Beschämtes Herumscharwenzeln.
Lange Mutlosigkeit.
Kontakt vertan.

Martin Wolkner

Liebe

Liebe bindet und schwindet
noch schneller als Licht,
wenn sie dich einst findet
– du erkennst sie doch nicht.

Liebe knechtet und ächtet
jeden freien Geist,
wenn ihr es bedächtet
– wisst ihr nicht, wie's heißt?

Liebe spendet, verendet
die hebende Glut,
eh sie das Herz pfändet
– mit reißender Wut.

Liebe hütet und brütet
unliebsamen Hass,
der nach ihr dann wütet
– erinnere dich an das!

Liebe herzt und schmerzt
viel schlimmer als Gicht,
bis dein Leben verscherzt
– du wirst wünschen, du kanntest sie nicht.

Martin Wolkner

Liebeskummer

Eine Rose,
lieblich & zart.
Eine Kerze,
romantisch & warm.
Ein Stern,
leuchtend & hell.
Unsere Liebe,
aus & vorbei.
Mein Herz,
zerbrochen & leer.

Martin Wolkner

Liebe und dennoch

Kannst du jemanden lieben
und dennoch einsam leiden?
Kannst du jemanden lieben
und ihn dennoch meiden?

Kannst du in Liebe sein
und ihn dennoch nicht berühren?
Kannst du in Liebe sein
und dennoch Furcht verspüren?

Liebst du jemand anderen
und siehst darin nur Pflicht?
Liebst du jemand anderen,
dich selber aber nicht?

Willst du die Liebe fassen
und wirst sie dennoch übergehen?
Willst du die Liebe hassen
und kannst das Schicksal nicht verstehen?

Dann frage dich, ob's Liebe ist,
denn es klingt nach Selbstbetrug.
Wenn einer wahre Liebe fühlt,
ist diese Liebe ihm genug!

Martin Wolkner

Mein Kummer

Es kümmert keinen.
Keiner kümmert sich um mich.

Ich kümmere mich um alles
und keinen kümmert es.

Morbid 19

Auf die Fortbildung wollte er nicht fahren,
er würde stundenlang allein im Auto sitzen
und sich die ganz Woche nur langweilen.

Als er trotzdem den Koffer vom Schrank holte,
fiel er von der Leiter, brach sich ein Bein,
saß stundenlang beim Arzt und langweilte sich zuhaus.

Zufall?

Morbid 23

Wenn du enthauptet werden würdest,
was wären wohl deine Gedanken
in den letzten drei bis fünf Minuten,
in denen dein abgetrenntes Gehirn
auch ohne Blutzufuhr funktioniert?

Martin Wolkner

Natürliche Gerechtigkeit

Das uralte Gesetz des Gleichgewichts besagt zum Schluss:
Wenn einer Leben schafft, auch einer töten muss.

Das Rad der Zeit sich langsamer als früher dreht;
trotzdessen jedes irdsche Leben doch vergeht.

Einst nach dem Kinde griff das klaffend Grab,
seit längrer Zeit man meist die Modernden ihm gab.

Bevor's der Tod vermochte, mancher selbst sein Leben nahm,
obwohl es doch ne Sünde ist, und Er gerade zu ihm kam.

Flieh niemals vor etwas, das unsterblich ist!
Du entkommst ihm nicht, auch nicht mit einer List.

Martin Wolkner

Nur ich

Nie dabei,
immer frei,
bin nur mein,
ganz allein.

Der spaltende Keil,
von ihnen kein Teil,
in ihrem Schuh ein Stein,
ganz allein.

Schaue nur von außen zu,
sie lassen mich stehn, in Ruh,
schenken mir Beachtung kein,
ganz allein.

Ich werde nie dazugehören,
sie nur in der Gemeinschaft stören;
war, bin, werd ein Außenseiter sein,
für immer allein.

Martin Wolkner

Ode an Patrick

Ich sagte zu dir:
"Du weißt: haargenau verstehe ich dich."
Du entgegnetest:
"Wie könntest du? Ich versteh mich selber nicht."

Oh, ich hätte eine Träne,
um sie über dich zu vergießen.

Ich sagte zu dir:
"Ich bin schwach, du selbstbewusst-unbeschwert."
Und du entgegnetest:
"Siehst du denn nicht? Es ist genau umgekehrt!"

Oh, wie ich wünsche, du wärst hier,
so wie du und ich es uns gedacht hatten.

Ich schrieb dir:
"Sag mir, wie dein Leben in letzter Zeit lief."
Du entgegnetest zuletzt:
"Hab niemanden kennen gelernt. Kurz: schnief!"

Oh, wir waren nicht bereit,
dich davonziehen zu sehen.

Ich sage zu dir:
"Ich hab heut wieder nur an dich gedacht."
Du entgegnest nichts mehr.
Du hast dich heimlich aus dem Staub gemacht.

Oh, es ist mein Morgenstern versunken!
Ohne dich ist mein Leben auf südlichen Kurs abgelenkt.

Ohne dich

Ohne dich
wurde ich der, der ich heute bin.

Ohne dich
genoss ich des Frühlings Blüte,
erfreute mich am Geschmack des Essens,
lachte über eine milde Welt
und erfreute mich meiner Schöpfung.

Selbst ohne dich
erfuhr ich neben Freude und Lachen
auch Traurigkeit und Qual.

Mit dir
kam ein Stück Romantik in mein Leben.

Mit dir
war ich ehrlich; ich linderte deinen Schmerz,
bis du in meinen Armen einschliefst.

Mit dir
fand ich den Gefährten, den ich verstand,
der mich immer wieder überraschte,
der wie ich Gegensätze vereinte.

Mit dir
erwachte ich weinend vor Glück
und schlief weinend ein – aus Ungewissheit.

Ich möchte gerne deine Tränen stillen,
doch ohne dich regnet es heute.
Ich möchte mit dir glücklich sein,
doch auch ohne dich
scheint morgen wieder die Sonne.

Martin Wolkner

…ohne Sinn

Worin liegt der Sinn zu gehen?
Das Ziel scheint unerreichbar weit.
Worin liegt der Sinn zu suchen?
Niemals werde ich es finden.

Was ist der Sinn zu hoffen,
außer den Mangel zuzugeben?
Was ist der Sinn zu trauen,
wenn sich niemand anvertraut?

Macht es Sinn zu beten,
dass die Scherben sich von selber kitten?
Macht es Sinn zu wissen,
wenn die grauen Zellen sterben?

Warum denke ich?
Warum tut man mir weh?
Warum versuche ich zu lieben,
wenn mich eh keiner versteht?

Was für Sinn hat unser Streben?
Was für Sinn machen Gefühle?
Ergibt irgendetwas einen Sinn
oder tun wir alles vergebens?

Was ist das Leben: Schicksal oder Zufall?
Sind wir zufällig nur hier?
…ohne Sinn?

Martin Wolkner

Paradoxie des Wandels

Die einzige Konstante auf der Welt
ist der Wandel, sagen sie.
Doch wenn sich alles wandelt,
warum bleibt der Wandel konstant?

Martin Wolkner

Perfekter Abend

Es war ein ganz wundervoller Abend.
Wir haben unheimlich viel gelacht.
Wir haben viel zu viel gegessen.
Ich habe mit einem hübschen Mann geflirtet.
Es war ein rundherum perfekter Abend.

Und nun sinke ich erschöpft ins Bett,
kuschel mich in meiner Decke ein.
Ich weiß, mein Bett ist ein sicherer,
es ist ein bequemer und ganz flauschiger Ort.
Doch etwas fehlt, denke ich melancholisch.

Martin Wolkner

Sanftes Gestern

Sanfte Tropfen fallen auf meinen Kopf.
Ich sage mir, ich soll nicht weinen, doch...
Tränen fallen dorthin,
wo gestern deine Hand war.
Ach, gestern, vor Jahren,
es ist so lange her.
Ich kann immer noch dein Gesicht
an meinem spüren
- eine Erinnerung so frisch,
als wäre es gestern gewesen.
Ebenso wie der erste
sanfte Kuss, gestern...
Es ist Jahre lang her,
dass sich unsere Lippen berührten.
Die Erinnerung ist intensiv,
überwältigt meine Seele;
mein Körper weint,
und mit ihm der Himmel.
Das nährende Salz vermischt sich mit dem Boden.
Oh, ich wünschte, eine sanfte Blume
würde daraus Nahrung ziehen.
Ich würde sie pflücken und...
sie als Erinnerung an unser
sanftes Gestern, aus dem sie entstand,
für immer an meinem Herzen tragen.

Martin Wolkner

Schatten regieren

Zwei Lichter brennen,
du und ich.
Eins erlischt,
du bist es nicht.

Du leuchtest weiter,
erhellst mein Herz.
Du brennst zu stark,
brennst mir ein den Schmerz.

Ich weine Tränen,
du brennst sie weg.
Zu tief!
Es entsteht ein schwarzer Fleck.

Dem schmerzenden Herz
gelüstet es nach Rache,
so dass ich reuevoll
die Todesflamme entfache.

Die Schatten regieren,
als das zweite erlischt,
und sich deine mit meiner
Dunkelheit vermischt.

Martin Wolkner

Schöne Erinnerung

Ich brauche jemanden,
der mich zum Lachen bringt.
Mir fehlen so viele Erinnerungen,
aber vor allem fehlt mir ein Mensch,
an den ich mich gern zurückdenke,
weil ich mit ihm lachen konnte.

Martin Wolkner

Sehnsucht eines roten Himmels

Ich sehne mich
nach Gefühlen
so tief
wie der Ozean,
Geborgenheit,
Nähe,
Wärme,
Schutz,
Liebe.

Ich möchte meinen Körper
und die Regungen meines Herzens spüren,
und doch fühl ich nichts von alledem…

Martin Wolkner

Seifenblase

Schillernde Erwartungen platzen,
von Unvorhersehbarkeiten zerstochen.
Zurück bleibt staubende Leere,
schwer, dass sie zu Boden sinkt.

Martin Wolkner

Sich selbst glauben

Er sah in den Spiegel.
Sein Gegenüber betrachtete ihn
mit einem merkwürdigen Blick,
der fragend, eher zweifelnd war.
„Vertraust du mir?",
fragte er sein Gegenüber,
„Glaubst du alles, was ich sage?"
Sein Gegenüber musterte ihn
erst finster, dann schlich sich
ein mysteriöses, vielsagendes Lächeln
auf die Lippen seines Gegenübers,
denn er wusste ihn einzuschätzen.

Martin Wolkner

Sie sind schuld

Das Glück in den Händen
weiß sie's nicht zu schätzen
nur aus Angst,
dass sie sie verletzen.

Am Ende der Suche,
aber noch nicht zufrieden,
weil zu viele
schmerzhaft von ihr schieden.

Sie lässt keinen an sich ran.
Es ist fast wie ein Spiel.
Einen zu gewinnen
ist ihr einziges Ziel
nur aus Angst,
dass sie sie verletzen,
verliert sie das Glück aus den Händen.
Doch sie wusste es zu schätzen.

Martin Wolkner

Sonett 4 – Zu meinem Verdruss

Ich bin jetzt hier und bin noch nicht mal da,
denn meine Welt besteht nur aus Kontrast.
Ich bin der, der ich niemals wirklich war,
doch das hat kein andrer bisher erfasst.

Auch unter Menschen bin nur ich allein,
ich halt mich willentlich von ihnen fern.
Ich selber möchte gar nicht mit mir sein,
auch liebt mich keiner oder hat mich gern.

Ich gebe vor, auch dieses stört mich nicht,
in Wirklichkeit tut es mir doch so weh,
dass jedes Mal mein Herz in Gänz zerbricht,
wenn ich nach Hause ganz alleine geh.

Meinen Sarkasmus bemerken selbst sie,
doch leider nicht meine Melancholie.

Martin Wolkner

Sonett 6 – Liebe des Lebens

Die Liebe ist ein seltsam schwindlig Ding,
das ich verzweifelt seit so langem such.
Ein Leben ohne sie ist wie ein Fluch,
dem, leider, ich bislang noch nicht entging.

Unendlich sehn ich mich nach ihrem Trost,
der mich von irdscher Höllenqual befreit.
Alleinsein ist nun mal mein größtes Leid,
drum such ich den, der zärtlich mich liebkost.

Zwar fand ich diese meine Lieb noch nicht,
doch hoff ich, dass sie wirklich existiert,
weil Leben ohne sie den Sinn verliert,
ohne die Kenntnis von ihrem wärmend Licht.

Ich möcht die Liebe meines Lebens finden,
nicht, ohn sie zu erfahren, wieder schwinden.

Martin Wolkner

Sonett 7 – Zarte Pflanze

'S wussten nicht nur die Dichter jeder Zeit,
doch drückten sie's in ihren Werken aus:
Die wahre Liebe ist die Herrlichkeit
und sie zu kosten ist der größte Schmaus.

Einmal gekostet, will man sie nicht missen,
versucht darum, sie ewig zu bewahren.
Ein jeder möcht für sich den größten Bissen,
sieht außer im Verlust keine Gefahren.

Dass aber auch Zuviel die Lieb bedroht,
wird von den meisten gerne übersehn.
Das goldne Mittelmaß ist das Gebot,
nur dieses sichert Zuneigungs Bestehn.

Wer versucht, Liebe fest und starr zu binden,
dem wird das Pflänzchen in den Händen schwinden.

Martin Wolkner

Sonett 9 – An meinen Valentin

Und wieder ist ein ganzes Jahr vergangen
und wieder alte Hoffnung nur ein Schein.
Die Einsamkeit hält mich doch noch gefangen:
Ich bin allein und werd's auch immer sein.

Ich hoffe Jahr für Jahr, jemand zu finden,
der an mich denkt, nicht nur an diesem Tag.
Die Traurigkeit kann kaum ich überwinden,
die mich erfasst, weil ich es nicht ertrag:

Ich seh die Menschen, die mich nicht beachten.
Sich Blicke treffen, wenn ich sie anschau,
in Träumen muss ich doch nach ihnen schmachten,
weil anzusprechen ich mich nicht mehr trau.

So werde ich als Junggeselle sterben,
sollte keiner von ihnen um mich werben.

Martin Wolkner

Sonett 12 – See der Trennung

Das lang ersehnte Ziel jenseits der See,
doch hier lass ich die junge Lieb zurück
- schon überschattet von so argem Weh
wird das gerade erst gefundne Glück.

Die salzge Flut bedroht das scheue Land,
das ich mit zögerndem Behag errungen.
Zwei reichen zur Entscheidung mir die Hand,
gleichwelch ich nehme, Trennung wird erzwungen.

Solch starke Winde tragen's Schiff hinfort,
dass schon sehr bald das Land ist außer Sicht.
Sie tragen mich zu diesem neuen Ort.
Wie's Schiff zuvor, die See mein Herz nun sticht.

Zwei Orte leuchten Wege meiner Seele,
dass ich von beiden nicht das Schönre wähle.

Martin Wolkner

Sonett 13 – Fehlversuch

Am Anfang war es wieder schön und fein.
Nun endlich schien ich doch das Glück gefunden.
Ich redet's mir, wie jedes Mal, so ein
und streut mir selbst bloß Salz in offne Wunden.

Obwohl ich echte Zuneigung ersehnte
und mich ihr näherte, entstand sie nicht.
Bei Liebes Abschied meine Seele tränte
- zu schwer für sie ist scheinbar mein Gewicht.

Ich werde allen vor die Köpfe stoßen;
ich schlag vor ihren Nasen zu die Türen,
doch immer auf der Suche nach der großen,
der wahren Lieb, da sie soll mich berühren.

Bin ich nicht stark genug für solches Glück?
Wieso kehrt diese Einsamkeit zurück?

Martin Wolkner

Sonett 14 – Nicht hart genug

Mein Stoß traf hart die falsch getroffne Wahl.
Zur Gegenwehr wählt sie noch härtren Schlag,
der tief mich stürzt in solches finstre Tal,
in dem die Selbsterkenntnis mich erschrak:

Ich such ein Schiff, dess Segel mich anlacht,
und als Pirat beginne ich zu entern.
Wenn ich den Schatz geraubt und weggebracht,
seh ich nur Schutz darin, das Schiff zu kentern.

Mein tödlich Streich geht doch zu oft daneben
und weckt das schlafend Untier, zornger Drache.
Ich feige Maus verstecke mich; mein Leben
ist ruhelos aus Angst vor ihrer Rache.

Gefühlen treu such ich den Weg für mich,
den größten Schaden davon habe ich.

Sonette 16-19 – Ein wahres Märchen

Nachdem ich Arbeit hinter mich gebracht,
hab ich mich kurz zuhause umgezogen,
war dies doch eine ganz besondre Nacht:
bin noch zum „Kindergeburtstag" geflogen,
allein, doch gutgelaunt, auf meinem Besen.
Hätt's fast verpasst, weil draußen keine Lichter,
nur drinnen, und meist unbekannt Gesichter.
Wär doch noch jemand mit mir dort gewesen,
war mein Gedanke, als ich eingedrungen.
Ich wurd begrüßt vom Kind mit Zottelhaar
und dann vom kleinen Sommersprossenjungen
- zuletzt erschien ein fremdes Augenpaar.
Von diesem konnt ich meinen Blick nicht wenden,
versuchen hieß auch, Kräfte zu verschwenden.

Wir fühlten zueinand uns hingezogen.
Ein unzufriedner Bub hatt dies gesehen,
und dacht sich wohl, ihm soll's nicht besser gehen,
denn er war selbst von jemandem betrogen.
Missgönnend mir die Liebelei so sehr,
erzählt er, Augen seien zu extrem,
zu hart für mich, drum wurd mein Herz sehr schwer.
Persönlich Zwist der beiden sei Problem,
die Augen sein zu netten Menschen gut,
so sagts Geburtstagskind mir dann beiseit,
mein Herz war schon von seiner Last befreit,
doch Kopf verwirrt, so blieb ich auf der Hut.
Grund des Gesprächs mit dem, der unzufrieden,
wurd ich vom zweifelnd Augenpaar gemieden.

Dies wiedrum mich an diesem zweifeln ließ;
vergebens wollte ich Kontakt aufnehmen.
Die Zeit verging, in der ich Trübsal blies.
Da niemand andres wollte sich bequemen,
selbst Sommersprosse nicht, doch alle klagten,
ging ich mit, etwas Fehlendes zu holen,
weil's Warten endete, als Augen fragten.
Schon längst sich Augen in mein Herz gestohlen.
Der Mund des Augenpaares sprach von sich,
vom momentanen Leid und seinem Leben,
so dass mit jedem Wort ein Zweifel wich,
den vorher es nie wirklich hatt gegeben.
Wir klärten unterwegs die Bubensache,
zerstörten so des Unzufriednen Rache.

Zurück ließ mich das Augenpaar allein.
Es schien, die andren würden sich verstecken.
Ich macht mich auf die Such, um zu entdecken,
in welche Löcher sie verschwunden sein.
Fand eine Gruppe ums Geburtstagskind
und dieses gab mir einen Spielzeugcolt;
mit diesem ich durch die Behausung tollt,
mal hin, mal her - naiver Wirbelwind.
Ich nervte alle; kämpfte ohn Erbarmen,
als man begann, mich in die Eck zu zwingen.
Ich wandt mich, ließ mir nicht die Waff abringen,
und fand mich fest verstrickt in Augens Armen.
Gefragt: „Willst du, dass ich dich hassen muss?"
sagt ich ernst „Ja!" - das Ende war ein Kuss!

Martin Wolkner

Sonett 20 – Die leichte Wahl?

Entscheidungen zu treffen fällt mir schwer,
obwohl die Wahl bereits getroffen ward.
Ich wär so gerne meiner Lage Herr,
doch Furcht und Skeptik haben sich gepaart.

Intuitiv weiß ich schon, was ich will,
denn ein bekanntes Kribbeln offenbart,
mein Herz schlägt nur für dich ganz heimlich, still,
für mich in meiner Brust doch spürbar hart.

Scheint dies Gefühl wie sinnvolle Erfindung,
ist jeglich Wissen nutzlos und erspart
mir nicht die Qual der innern Überwindung,
denn meine Vorsicht hemmt die Kraft zur Tat.

Ich denke viel zu sehr an Konsequenz
und nehm mir die Entscheidungskraft in Gänz.

Martin Wolkner

Sonett 23 – Wie ne Wolke

Ein Mensch, der sich für mich interessiert,
den gibt's, und ich fand ihn schon früher gut.
So etwas ist mir ja noch nie passiert;
trotz dieses Glücks brauch ich noch allen Mut.

In meinen Händen halt ich zwar Beweis,
doch scheint's unglaublich, und ich fass es kaum.
Mein Kopf will zweifeln, doch mein Herz sagt leis,
dass ich nie mehr erwach aus diesem Traum.

Ein Blick in diese Augen lässt mich fliegen;
ein Lächeln – ich werd wie ne Wolke treiben.
Es wär so schon, würd Liebe diesmal siegen
und ich würd diesmal nicht alleine bleiben.

In Träumen bin ich schon so oft geflogen,
doch bin ich niemals wirklich abgehoben.

Martin Wolkner

Sonett 24 – Schuldfrage geklärt

Die ganze Schuld an allem Leid trag ich,
denn ich bin der, der dies verursacht.
Ich nehm die Last von allem Fehl auf mich.
Soll jemand Schuld sein, dem ich Leid gebracht?

Die andren reagieren nur auf Zeichen,
die ich aus tiefer Sehnsucht von mir gebe.
Die Schuld ist mein, denn ich stell diese Weichen;
bekomm doch scheinbar das, wonach ich strebe.

Die Grenzen sehe ich erst hinterher,
wenn ich sie schon längst überschreiten ließ;
zieh mich zurück und schäme mich so sehr,
weil ich ausnutzend vor den Kopf sie stieß.

Die Last der Schuld ist es, die mich verdirbt;
mit ihrem, nicht mit meinem Tod sie stirbt.

Sonett 25 – Der Eine

Mich zog des Fremden Blick in seine Bahn;
was ich in seinen Augen las, mich bannte.
Allein sein Anblick hatt's mir angetan,
obwohl ich ihn noch überhaupt nicht kannte.

Viel später dann war er an jenem Ort
und ohne Zögern überrascht ich ihn;
ich sprach ihn an, doch ging ich wartend fort
und hasste mich: ich ließ ihn wieder ziehn.

Ich wollte ihn so gerne wiedersehn,
den Splitter, der in meinem Kopf feststeckte.
Ich traf ihn und es war um mich geschehn,
als ich sein wahres Inneres entdeckte.

Er ist der Eine, den ich so gesucht.
Nun ist er da; ich krieg ihn nicht – verflucht!

Martin Wolkner

Sonett 30 – Frage der Sichtweise

Ich trage viel zu viel Ballast mit mir
und du lebst deine große Leichtigkeit.
Ich lieg geschlagen auf dem Boden hier
und du schwebst fröhlich oben ohne Leid.

Das viele Nichts, das ich unklug ertrug,
drückt mich gewichtig nieder in den Dreck.
Für dich ist wenig Alles viel genug,
es hebt dich sanft noch weiter von mir weg.

Und schaust du von dort oben auf mich nieder,
erscheint die Welt dir sicher groß und frei.
Wenn ich hinauf zu dir den Blick erwider,
siehst du doch nicht des Unzufriednen Schrei.

Aus deiner Sicht ist's großer Lebensschmaus,
für mich jedoch bloß Frust und Graus.

Martin Wolkner

Sonett 33 – Das träumende Schaf

Zusammgekauert und der Welt entrückt
liegt das Schaf inmitten seiner Herde
schlafend. Es ist von seinem Traum entzückt,
dass sich die dumme Herde ändern werde.

Es träumt von großzügigen Stallpalästen,
vom Ruhm der Schafheit, Einigkeit und Recht
und freies Futter. Wärmend Baumwollwesten
in kaltem Winter wären auch nicht schlecht.

Jedoch der Rest der Herde träumt allein
von grüner Wiese, frischem Quell, von Hirte
und Hund. Die Schafheit will behütet sein,
träumt nicht, dass sie zum Hirtenhirt mutierte.

Des Schafes Träume waren kühn, doch übertrieben,
denn Schaf bleibt Schaf und Schafes Träume ungeschrieben.

Spaß zurück

Will lustig sein, weil's mir gefällt,
und nicht, weil es befohlen.
Ich hasse Gott, weil er die Welt
um so viel Spaß bestohlen.

Ich will vom Glück das größte Stück.
Tu alles, was Tabu.
So hol ich mir den Spaß zurück,
und sündge immerzu.

Martin Wolkner

Stein auf Stein

Wir bauten Stein auf Stein,
als wir auf dem Boden lagen,
auf die sich neben uns türmenden Schutthaufen.

Wir bauten Stein auf Stein
und hatten keine Zeit zu klagen;
es gab ja eh nichts, weder zu kaufen noch zu saufen.

Wir bauten Stein auf Steine,
um immer höher hinauf zu ragen.
Bald konnten wir Stufe für Stufe hoch zum Himmel laufen.

Dann bauten wir Raketen,
um uns noch höher hinaus zu tragen.
Das Weltall sollte uns zu neuen Göttern taufen.

Wir bauten Stein auf Stein.
Wir bauten Steine in den Himmel
und dann bauten wir Raketen.
Wir bauten eine neue Welt
ohne Bedenken, etwas nicht zu wagen.
Wir konnten uns in unserer Gier
                        kein Stück zusammenraufen.

Wir bauten immer weiter:
Genmanipuliertes auf Felder,
Zuchtfarmen über Wälder;
bauten und zählten die Gelder,
doch wurden wir nicht gescheiter.

Wir bauten und bauten alles kaputt.
Am Ende lag die Welt in Schutt. :||

Martin Wolkner

Tierischer Mensch

Wenn er sich ergäbe, wäre alles verwirkt.
So meckert er weiter und mäkelt herum,
weil er nicht sieht, was sich dahinter verbirgt.
Weil er glaubt, es sei gut, bleibt er lieber dumm.

In vielen Bereichen kann er mit Wissen prahlen.
Sein Intellekt ist hellwach, mit Diplomen verziert.
Doch was weiß er dem Leben zu zahlen,
wenn er sich vor Küssen und Sterben geniert?

Er nährt seinen Stolz, seine unbändige Gier,
das Wesentliche durch seine Sucht verkannt.
Im Grunde nicht mehr als ein niederes Tier,
gibt er sich der Begierde hin, die Wahrheit verbannt.

Toilette

Nach dem Pupsen oder Scheißen
solltest du ein Blatt abreißen
und den Hintern damit putzen.
Solltest du es nicht benutzen,
kann es sein, die ganze Chose
lässt sich später finden in der Hose.

Martin Wolkner

Ungestörte Treffen

In verborgenen Hinterhöfen
und anderen Verstecken
trafen sie sich heimlich,
zum einen,
um wirklich ungestört zu sein,
zum anderen,
weil es keinen Ort gab,
an dem sie sich öffentlich
auf ihre Weise hätten treffen können,
ohne dass jemand ihnen
böse Wörter hinterher rief
oder sie schikanierte
und drangsalierte.

Martin Wolkner

Was er isst

Er isst nur Mist
sagt die Großmutter
Er isst was er isst
sagt der Hunger

Er isst Leichen
sagt die Vegetarierin
Er isst meinem Essen das Essen weg
sagt der Männlichste
Er isst zu fett
sagt der Arzt
Er isst was er isst
sagt der Hunger

Er isst lächerlich wenig
sagt der Adipöse
Er isst unmöglich
sagt die Wohlerzogene
Er isst nicht für immer
sagt der Melancholiker
Er isst wie er isst
sagt der Hunger

Martin Wolkner

Weine nicht über einen Mann

Und weine nicht über einen Mann,
nein, wenn, dann weine über drei!
Denn ein Mann allein ist es nicht wert
und nur verwirrt bist du bei zwei.

Drum weine nur über drei von denen,
denn mörderisch ist diese Zahl.
Sie gilt als höchster Grund zum Weinen:
Wie entscheidest du bei dieser Wahl?

Was, wenn du nun den Falschen nimmst?
Was, wenn dir zwei gefallen gleich?
Was, wenn alle dreie dich nicht wollen?
Was, wenn keiner dir das Herz erweicht?

Ich sag dir: Wein nicht über einen Mann,
nein, wenn, dann weine über drei!
Dies ist der wahre Test des Lebens.
Nach solcher Wahl lebst du nie wieder frei.

Wozu?

Ich lebe doch!
Was mach ich hier?
Ich lebe noch,
doch nicht bei dir.

Wenn ich nun geh,
steh ich allein.
Wenn ich noch fleh
erhört zu sein,
so hörst du mich doch nicht.

Wenn schwach ich bin
und brauche Halt,
gehst du dahin.
Dein Herz ist kalt.

So hasst du mich!
Wozu der Schein?
Und fordre ich
Versprechen ein,
so brichst du sie noch eher.

Zeit

Zeit ist ein scheues Tier,
das du nicht zwingen kannst.
Drum bleibe ruhig
und dräng sie nicht,
selbst wenn du in Eile bist.
Dann wird sie zu dir kommen.

Zeit ist ein Tier:

sie kriecht, sie fliegt,
sie rennt davon,
frisst, entlarvt, verschlingt,
auf fette Beute lauert sie.

Wie jedes Tier
kannst du sie totschlagen,
doch ausrotten
wirst du sie nie.

Martin Wolkner

Zerbrochene

Träume scheitern
elend und jäh.
Hätte man nur
den Vorahnungen geglaubt!

Hoffnungen
lassen sich nicht kitten.
Sie werden aufgekehrt
und fortgeworfen.

Vielleicht irgendwann einmal
werden die guten Stücke
durch etwas Neues ersetzt.

Martin Wolkner

Zum Himmel hinauf

Lass mich los!
Ich möchte fliegen
wie ein Ballon,
die Lüfte erkunden
und den Himmel küssen.

Wenn du's nicht ehrlich meinst,
ermutige mich nicht.

INHALT